H. LE BRETON

# LA PROVINCE DE THANH-HOA

1924
IMPRIMERIE KIM-ĐỨC-GIANG
HANOI

Extrait du " *Bulletin de la Société d'Enseignement Mutuel du Tonkin* " tome V   N° 3 — Juillet  Septembre 1924.

# La province de Thanh-Hóa [1]

### Introduction

M. Pasquier, Résident supérieur en Annam, dans la préface de la première de nos études sur le Thanh-hóa, a chanté la beauté de ce pays et la grandeur de son passé historique.

Comme frontispice à notre conférence, rien ne peut égaler la prose poétique de M. Pasquier, Elle fera apparaître à votre imagination, en un tableau des plus captivants, une synthèse de la partie du Đại-Việt la plus riche en beautés naturelles et en souvenirs historiques ou légendaires.

*

Tous ceux qui ont resídé dans cette admirable région conservent pour elle des tendresses secrètes. « Thanh-hoa retient et captive comme tous les lieux peuplés de souvenirs, riches d'un passé de legendes et de grandeur. »

« Thanh-hóa n'est pas une simple division administrative, c'est un pays Aussi divers que le Tonkin tout entier, dont il reproduit l'image réduite, il a son delta opulent et fertile, sa moyenne région herbeuse et ondulée, son haut pays tumultueux que la forêt souveraine vêt de son manteau somptueux de frondaisons »

« Derrière une cote mouvante et inhospitaliere, le long de cours d'eaux larges et profonds, près de montagnes aux flancs percés de grottes, dans des vallées abritées et d'accès difficile, la race annamite a trouvé un pays de prédilection qui fut pour elle la grande halte, le relai, où, durant des siècles, elle put préparer son mouvement d'expansion, réparer et concentrer ses forces pour accomplir son destin. »

« Thanh-hóa aux heures d'épreuves a eté pour l'Annam, mieux que Hanoi, le reliquaire sacré conservant tous les espoirs de la race. De cette terre élue qui garde les augustes dépouilles des ancêtres de ses rois, sont sortis les héros les plus glorieux et les plus valeureux de son histoire. »

---

(1) Conférences faites avec projections au local de la Societe d'Enseignement Mutuel du Tonkin 31 Juillet, 14 Août 1924

« Elle est le berceau de trois dynasties, elle a donné des empereurs, des usurpateurs, des soldats et des poètes,..»

« Ses paysages sont célèbres et les historiens chinois eux-mêmes les ont décrits avec complaisance. Il n'est pas une roche pittoresque qui ne récèle sa légende. Ses bois défen dent les vestiges des capitales déchues. Dans le cirque de ses montagnes se dressent encore les noires murailles élevées par les seigneurs Hô. Il n'est pas un carrefour qui n'ait retenti du choc des armes, les Chams parcoururent ses plaines, les Ailaotiens descendirent ses étroites vallées, et aux fastes des annales du Đại-Nam vinrent se mêler les hauts faits de nos soldats. »

« La province de Thanh-hóa explique et fait mieux comprendre Huê. Elle est l'« Ile-de-France » de l'Annam...»

*
* *

Nous entendons souligner au fronton de notre conférence — comme nous l'avons fait dans nos études sur le Thanh-hóa (1) — le postulat suivant: « A tous les points de vue — géologique, géographique, climatérique, ethnique, historique, économique — le Thanh-hóa se rattache au Tonkin et non à l'Annam. (2) L'admission de ce principe premier est nécessaire pour établir la démonstration que sera cette conférence.

*
* *

## CHAPITRE PREMIER

### Géologie

Des enseignements de la géologie indochinoise nous devons dégager cette conclusion que le Thanh-hóa se rattache au Tonkin. C'est que, en effet, l'Indochine du Nord

---

(1) « La province de Thanh-hóa »; « Lieux et monuments historiques ou légendaires du Thanh-hóa »; « Les Hommes illustres du Thanh-hóa »; « Thanh-hóa pittoresque ». Revue indochinoise 1918. 1919, 1920, 1921,

(2) « Pour être plus précis nous devrions dire que le Nord-Annam est une région de transition entre le Tonkin et le Centre-Annam.

Laos du Nord, Annam du Nord, Tonkin) forme une unite géologique. Pour faire notre démonstration nous nous appuierons sur trois phénomènes géologiques les charriages, les plages soulevées, les conquêtes du rivage sur la mer.

Au point de vue géologique, l'Indochine est la juxtaposition de deux compartiments distincts de l'écorce terrestre: l'Indochine du Sud et du Centre, et l'Indochine du Nord. La limite entre ces deux compartiments passe par la Porte d'Annam (chaîne du Hoành-son), se prolonge au Sud du Trân-ninh, pour gagner le coude du Mékong dans la région de Pak-lay.

L'Indochine du Sud et du Centre est une région *tabulaire, c'est-à-dire peu plissée.* Ce qui fournit la touche dominante dans cette région c'est la présence d'un immense *plateau de grès.* Ces grès prouvent que l'Indochine du Sud et du Centre, fut recouverte par une vaste transgression marine à une époque très ancienne de l'histoire de la Terre.

A peu près à la même époque l'Indochine du Nord fut le théâtre d'un tout autre phénomène géologique, dont l'esprit ne eut que difficilement concevoir la réalité. Par suite de mouvements horizontaux de l'écorce terrestre, il y a eu des plissements de cette écorce tels que les plis droits ont dégénéré en plis couchés, puis en *nappes* de recouvrement qui se *chevauchent s'escaladent,* se *dépassent* les unes les autres comme le font, les vagues de la mer. On peut, en effet, considérer les phénomènes de plissement de l'écorce terrestre comme se propageant à la façon d'ondes qui se déplaceraient, mais pour se figer en suite dans l'écorce terrestre.

D'où viennent les nappes de l'Indochine du Nord? Des indices semblent montrer que ces nappes ont été *charriées* de la Chine (Yunnan) sur le Tonkin, une partie du Laos et l'Annam du Nord. Nous sommes donc ici dans ce que les géologues appellent une région de grands "*charriages*". L'Indochine du Nord est une région *plissée,* alors que l'Indochine du Centre et du Sud est une région *tabulaire.* Autre distinction entre ces deux compartiments de l'écorce terrestre : la dernière a ses "Volcans éteints" (Annam), la première n'en a pas. Enfin ce qui fournit la touche dominante de l'Indochine du Nord, ce sont des montagnes *calcaires*.

En somme, quand à la structure géologique, l'Indochine du Nord est une région de l'écorce terrestre où des deplacements, venus principalement de la Chine, tendent à empiéter sur un domaine plus méridio. al. Cet e définition ne serait-elle pas propre à satisfaire le géographe, l'ethnographe, l'archéologue et l'historien ? En effet, les grands fleuves de l'Indochine. le Fleuve Rouge et ses affluei ts la Rivière Noire et la Rivière Claire. et le Mékong viennent de la Chine. Les peuplades de l'I dochine du Nord sont venues de la Chine. Enfin, ex eption faite des Annamites dont le mouvement d'expansion vers le Sud n'a pas été arrêté parce qu'ils ont envahi. les plaines côtières, la limite sud de l'envahissement de l'Indochine du Nord par les peuplades montagnardes Mưongs, Thais, Méos, Mán, originaires de la Chine, est la limite géologique entre ce e région et l'Indochine du Sud et du Centre dont les montagnes sont habitées par les Moïs originaires de *l'Indonésie*.

Il est deux phénomènes géologiques beaucoup plus récents que celui des "charria es" et que l'esprit peut conceyoir avec plus de facilité ; et qui, eux aussi, démontrent que le Thanh-hóa se rattache au Tonkin. Ce sont un mouvement vertical de l'écorce terrestre ayant donné naissance aux plages soulevés du Nord-Annam ; et le comblement progressif du Golfe du Tonkin par les apports du Fleuve Rouge et du Sông-Mã amenant l'émersion de terres nouvelles.

Lorsqu'on suit la Route mandarine, on rencontre dans le phủ de Tĩnh-gia une région où la nature change de caractère : on ne voit plus le sol brun argilo-sableux du delta, les rizières disparaissent, les traditionnelles baies de bambous qui partout ailleurs entourent et protègent les villages n'existent plus Le sol est sec, sableux et de couleur claire ; il contient d'innombrables débris de coquilles,

Quand on creuse ce sol de quelques centimètres, on ne trouve plus qu'un entassement de coquillages entiers.

Si l'on creuse davantage, on rencontre sur plusieurs mètres d'épaisseur une pierre tendre qui n'est autre qu'un conglomérat de coquilles brisées et comprimées. Cette pierre tendre est employée par les habitants de la région pour la construction de leurs cái-nhà.

Un pareil entassement de coquillages est une plage soulevée. Il existe d'autres plages soulevées dans le Nghệ-an et dans le Hà-tĩnh.

Ces plages soulevées prouvent que, par suite d'un mouvement vertical de l'écorce terrestre, le littoral du Nord-Annam a été soulevé.

Ce mouvement d'émersion a egalement affecté le Sud-Est du Tonkin. Ce qui le démontre c'est la présence dans les provinces de Hà-nam et de Ninh-bình de rochers calcaires entaillés à leur base d'une corniche. Cette corniche prouve l'action érosive des flots de la mer. Ces rochers forment ce qu'on a appelé la « Baie d'Along terrestre ».

Il y a donc eu soulèvement de l'ecorce terrestre dans le Sud-Est du Tonkin et dans le Nord-Annam.

D'après les documents historiques des Chinois, sous la dynastie des Đường, au VIIe siècle, Hanoi était au bord de la mer.

Une grande partie des provinces de Thai-bình, Nam-dịnh et Ninh-bình n'existait donc pas encore. Le delta tonkinois est en effet formé par le fond d'un golfe qui a été comblé par les apports (limons et alluvions) du Fleuve Rouge. Il en est de même du Thanh-hóa dont le delta a été formé par les limons et alluvions du Sông-Mã.

Lê-Thánh-Tôn, au cours de la période Hồng-Đức, (XVe siecle) fit élever des digues le long de la côte du Tonkin et du Thanh-hóa. Grâce à ces digues de vastes espaces aujourd'hui couverts de riches moissons ont été conquis sur la mer.

Après la cons'ruction de ces digues les alluvions du Fleuve Rouge ont continué à augmenter la surface des terres émergées. C'est ainsi que, par suite des conquêtes du rivage sur la mer, furent exondés les huyện de Kim-sơn et de Yên-khánh, dans le Ninh-bình ; et les cantons de Nam-sơn, Yên-sơn, Liên-sơn dans le huyện de Nga-sơn du Thanh-hóa. Ces derniers cantons furent fondés la 27e année de Tự-Đức (1874),

Aux pieds du mont Nga-son, dans les flancs duquel se trouve la grotte du Pêcher-Bleu célèbre par la légende de Từ-Thức, autrefois venait battre la mer. Il y eut là dans les temps reculés un port de mer très important depuis la dynastie des Triêu jusqu'à la dynastie des Lê postérieurs. Ce port est connu dans les documents historiques anciens sous le nom de Thần-đầu, il prit le nom de Thần-phu au dibut de la dynastie des Lê postérieurs.

Aujourd'hui Thần-phù et Chính-đại sont à 10 kilomètres de la mer. On voit donc l'importance des alluvions du Fleuve-Rouge dans les édifi ations de terres nouvelles.

On peut prévoir que, par suite des apports du Fleuve Rouge, l'île de Hòn-nẹ sera reliée à la côte dans un siècle

* * *

## CHAPITRE DEUXIÈME

### Physionomie de la Province.

*(Idée du relief, des cours d'eau, des côtes, de la température, des vents, des pluies)*

On peut distinguer dans le pays de Thanh-hoá trois régions bien distinctes . le delta, la moyenne et la haute régions.

La région del aique comprend de vastes plaines alluviales parsemées de rochers calcaires rappelant ceux de la Baie d'Along, de collines dénudees où la pierre affleure au milieu d'une rare terre végétale sur laquelle pousse un maigre gazon ou dés broussailles. Dans la partie sud de la province ont rencontre des terres incultes, parfois marécageuses, au milieu desquelles surgissent des collines dénudées. Au nord-est, la région est limoneuse. elle est formée de terrains récemment conquis sur la mer. La région littorale est sablonneuse, elle est formée de plusieurs anciens cordons littoraux de faible ondulation, parallèles à la côte. Dans les cuvettes comprises entre ces cordons circulent de petits arroyos, ce qui a permis le développement de la riziculture, alors que sur le sommet des cordons, où sont installés les villages, ne poussent que les cultures sèches. Chacun de ces cordons marque une étape des conquêtes du domaine continental sur le domaine marin

Région deltaïque : Hàm-rŏng ; Cương-Sơn

*(Cliché de la Revue Indochinoise)*

Moyenne région : Pagode des poissons Sacrés à Phô-cát
*(Cliché de la Revue Indochinoise)*

La moyenne région enserre le delta, sauf à l'Est où il s'ouvre sur la mer. Elle s'étend sur les p ủ de Hà-trung et de Quảng-hoá, les huyên de Yê 1-đinh, Thach-Thanh et de Cẩm-Thủy, le phủ de T 10 Xuân, et les châu de Ngoc-Lăc et de Như-Xuân. Elle est formée de petits massifs montagneux couverts de belle forêts, et de mamelons herbeux. C'est sur ces mamelons que se trouve it les plan atio.1s de caféiers

La région montagneuse compre d la partie de la cordillière annamitique, limite naturelle ouest de la province, et deux ramifications de cette chaîne qui sépareat le Thanh-hoá du Tonkin et du Nghệ-An. Cette région montagneuse est encore peul connue. Elle n'est habitée que par des Thais, des Mường et quelques Mảis et Mèos. Les Annamites ne consentent que très difficilement à s'y fixer parce que, disent-ils, l'eau y est empoisonnée. Il est exact que la fièvre des bois y règne, mais à cette raiso 1 s'ajoutent des craintes superstitieuses sur les mauvais génies des montagnes, des forêts, des grands arbres, des éléments, etc. Une seule route, d'importance surtout politique, traverse la région, c'est celle de Thanh-hoá à Sam-neua, par la vallée du Sông-Mã et de son affluent, le Sông-Lương. Cette région est le domaine de la forêt, vierge encore en bien des endroits. Par son pittoresque la vallée du Sông-Lương mérite, paraît-il, le surnom de Tyrol indochinois.

Des deux ramifications de la cordillère annamitique, celle du Nord est la plus pittoresque Sa partie Est est formée de rochers calcaires aux formes bizarres et tourmentées, aux aspects ruiniformes, rappelant les falaises abruptes, grottes et tunnels de la Baie d'Along. La grotte la plus célèbre au point de vue légendaire est celle de Từ-Thức. Dans le huyên de Thạch-Thaửh, il est, à Phố-Cát, un site admirable, c'est celui de la Pagode des Poissons sacrés. Les communications entre le Tonkin et le Thanh-Hoá sont possibles par les cols de Yên-bạn, Tam-Điệp, Đông-giao, Phố-cát. Par celui de Đông-giao passent la route mandarine et le chemin de fer. Entre Thần-phù (Ninh-Bình) et Chinh-đại, la montagne fut creusée, au premier siècle de notre ère, par le général chinois

Mã-Viện pour le passage du canal faisant communiquer le
Giao-chỉ (Tonkin) avec le Cửu-chơn (Thanh-hoá).

Un seul passage naturel permet de passer facilement du
Thanh-hoá au Nghê-An, c'est la trouée de Hoàng-mai, qu'empruntent la route mandarine, le canal et le chemin de fer.

La principale artère fluviale est le Sông-Mã. Ce fleuve prend
sa source dans une région peu connue au pied du Pou-la
(province de Sơn-la), montagne dont la crête forme frontière
entre le Tonkin et le Laos. Il parcourt la province de Sơn-la
en de nombreux méandres, puis entre dans le pays de Thanh-
hóa à Mường-lat. De ce village à Phu-tan (anciennement
Mường-pang.) il forme la frontière Sơn-la-Thanh-hóa ; et de
Phu-tan à Văn-Mai, la frontière Hòa-bình-Thanh-hóa. Il se jette
à la mer par trois effluents : le Sông Đô-lên, le Lạch-trường et
le Lạch-chiao. L'embouchure du Sông Đô-lên est le Cửa-Bang,
elle est peu praticable à la grosse batellerie ; elle est connue
dans l'histoire sous le nom de Sung-môn. L'embouchure du
Lạch-trường et l'ilôt de Gò Ba-quẫn forment un abri sûr pour
les jonques qui se livrent au cabotage et à la pêche. Cet
effluent est le Ngu-giang des documents historiques du Đại-Việt,
et son embouchure fut connue sous le nom de Bích-môn.
Le Lạch-chiao, ou Lịch-Triệu. seul peut être remontée par les
chaloupes à vapeur, mais son embouchure présente une barre
qui se déplace fréquemment. Cette embouchure est connue
dans l'histoire sous le nom de Triệu-môn. Des arroyos font
communiquer entre eux les trois effluents ; le canal de Ninh-
bình à Vinh emprunte le cours de deux de ces arroyos. La
longueur de Sông-Mã est de 380 km. environ, dont plus de
250 sur le territoire du Thanh-hóa. Son nom change suivant
les circonscriptions traversées : c'est le Mỹ-giang et le Sông-
Bông, dans la haute et moyenne région. La partie du cours
du fleuve séparant le phủ de Quảng-hóa et de Yên-định fut
célèbre dans les fastes annamites sous le nom de Đại-lại-giang.
Les sampans d'un tonnage moyen ne peuvent remonter au
delà de Phong-y ; en amont de ce poste les nombreux rapides, roches émergentes ou hauts-fods presque à fleur d'eau
rendent la navigation très diffiile aux basses eaux. De Lực-

Le Sông-Mã à Hàm-Rŏng: les 9 dragons (collines à gauche) se disputant la perle (colline à droite)

canh jusqu'à Mường-Lat, le fleuve roule dans un couloir rocheux et torrentueux, ou les eaux bondissent sur des amas de roches dévalees de la montagne et forment par endroits des cascades tumultueuses. A partir de Mường-' at, le lit s'elargit a nouveau et la navigation est possible aux pirogues sur un assez long parcours. Au-delà de Mường-hang, la vallée s'elargit, les rizières jusque-là très rares, se multiplient sur une grande superficie et à une vaste région sauvage et pittoresque mais presque deserte succède une contree plus riande, plus riche et plus peuplee.

Les principaux tributaires du Song Mã sont : sur la rive gauche, le Nam Sia (San-sen) qui prend sa source dans le Hoa-bình, au sud de Suyut ; le Sông-Con, (1) foi mé de trois rivières ayant leur source dans le Hòa-bình, au sud de Chơ Bo ; sur la rive droite, le Sông-Luơng et le Song-Lô et le Song-Huong qui prennent leur source en territoire laotien. Le Sông-Hương, est connu par les Européens sous le nom de Song-Chu ; c'est le Sông-Lương des Annales annamites Il vient des territoire des Houaphan (2) laotiens Il n'est guere remonte, par la batellerie, au-delà de Muc-sơn, point ou commence la zone des rapides. Les eaux derivees du Sông-Chu seront captes par les canaux d'irrigation, dont le creusement est près de se terminer.

Vers le sud de la province, en suivant la route mandarine, on traverse un fleuve fort large, c'est le Song-Ghép (Song-Yên ou Sông Lach-vạn). Son embouchure présente une barre qui se deplace frequemment et est couverte de très peu d'eau, aussi n'est-elle guère praticable. Le Sông Ghép est forme d'un reseau de cours d'eaux alimentés par les torrents devalant des montagnes du châu de Như-xuân. Dans ces cours d'eaux l'action de la marée se fait sentir jusqu'à la lisière de la forêt, et ainsi ils sont accessibles aux jonques d'un assez fort tonnage, mais dans la region montagneuse ils sont impraticables.

Le Cửu-bang prend sa source au Nghê-an, penetre dans le Thanh-hoa par le col de Hoàng-mai. Le canal de Ninh-binh a Vinh emprunte son cours.

---

(1) Sông-Bưởi puis Sông-Sòi, apres la traversee du Quang-tế.

(2) Titre laotien s'appliquant à un seigneur territorial comman dant a « *mille* » (phan) « hommes » (houa têtе)

A l'extrême sud, il est enfin un fleuve minuscule, célèbre dans les fastes légendaires annamites. C'est là que An-dương-vương et sa fille auraient trouvé la mort, dans un combat malheureux contre Triệu-Đà à la fin du III° siècle avant notre ère.

*
* *

Le littoral du Thanh-hóa est une côte mouvante et in-hospitalière.

Au Nord est il est limoneux. Par suite des conquêtes du rivage sur la mèr, trois cantons du huyên de Nga-sơn ont ete exondés en trois siècles.

A partir du Sông Đò-lên, la côte s'allonge rectiligne et sablonneuse. La monotonie de cette côte redoutée des pê-cheurs annamites et chinois n'est rompue qu'a l'embouchure du Lach-trường par l'ilôt de Gò-ba-quần, et au large, par l'ile de Hòa-nẹ ; à Sầm-sơn, par une colline granitique formant le Cap Chao ; plus au sud par les promontoires granitiques du Cap Bang et du Cap Roud, et un archipel calcaire dont les iles principales sont Hòn-mê, Hòn-vạt, et Biện-sơn.

Entre Biện-sơn et la côte est un port naturel profond qui constitue une protection efficace contre la houle du large ; les barques annamite et chinoises qui fréquentent l'archipel pendant la saison de pêche, les vapeurs allant à Bến-thủy, port fluvial de Vinh, ou en revenant, viennent s y abriter des gros temps ou attendre l'heure des marées favorables pour franchir les barres des rivières.

*
* *

Le climat du Thanh-hóa est, à peu de choses près, celui du Tonkin.

Il existe une véritable saison fraîche, un hiver où la température, dans le delta, tombe parfois à 10° mais qui est accompagnée d'une pluie froide, fine et pénétrante, le cra-chin, en janvier et février (Tonkin : février, mars). C'est la température saine et reconstituante de l'hiver tonkinois, bien préférable au climat de Huế, où la pluie tombe par-fois près de deux mois sans interruption (octobre, novembre décembre).

**Săm-sơn — Les roches granitiques perchées.**
*(Cliché de la Revue Indochinoise)*

Le régime des moussons est celui du Tonkin  N-E, l'hiver;
S-E, l'été. Pendant la  saison chaude, ou note les  vents  chauds
et secs du S-W et de l'Ouest, dits vents du Laos, pénibles à subir.

Comme dans tout le Golfe du  Tonkin, les typhons se
produisent du  juin à septembre (sept. à nov. dans le Centre-
Annam).  Mais ce n'est  qu'à  des  intervalles  de  plusieurs
années que les centres de typhons  passent sur la province. (1)
Quant aux queues de  typhon, il  ne se  produit guère  d'année
que  l'on n'ait  à signaler des  dégâts produits  par  des  coups
de  vents,  mais ils n'ont pas la  violence et  les  effets désas-
treux des  véritables typhons.

Le régime des pluies marque une transition entre ceux du
Centre-Annam et du Tonkin.  La saison humide est plus tardive
et moins longue qu'au Tonkin, où les  pluies  predominen  de
juillet  à septembre ; dans le Thanh-hóa les  chutes ne sont em-
por antes qu'en Sep'embre ; dans le  Ce tre-A .nam  e sont les
derniers mois de l'année qui sont très pluvieux (Octobre janvier.)

L'écart entre les chutes maxima et minima est parfois
considérable  2$^m$, 778  et  1$^m$, 767.  L'irrégularité  des  pluies
explique  l'irrégularité  des  récoltes.  On  voit  régner  géne-
ralement de  graves disettes pendant les  années qui  suivent
celles des  faibles  chutes d'eau.  La réussite de  la  récolte
du riz du 10$^e$ mois  annamite (novembre),  est  en  effet une
question  de  chance:  les  habitants  doivent  recommencer
plusieurs fois  leurs semis  et le  repiquage lorsque les  chutes
de  pluies sont  excessives ;  et  la  récolte du  5$^e$  mois  est impossible  lorsque  les  chutes  sont  insuffisantes.  Grâce aux
canaux  d'irrigation  en cours  d'exécution  la  riziculture de-
viendra  independante  des  conditions  climateriques.

Le climat du Thanh-hóa  se  rapprochant du  Tonkin, il
s'ensuit  que  les  cultures  et  les  calendriers  agricoles  de ces
deux  pays  se  rapprochent  les  uns  des  autres.

*<br>* *

## CHAPITRE TROISIÈME
### Les Ressources.

'Le Thanh-hóa ne diffère en rien du  Tonkin quant aux res-
sources, sauf en ce qui concerne l'importance de la producti on

---

(1) Septembre

du coton, et de la cannelle. Nous prions donc les auditeurs que ce chapître intéresse de bien vouloir se reporter à notre première étude sur la province (Revue indochinoise, 1918).

Nous nous contenterons de raconter, l'histoire de l'industrie indigène la plus importante.

Le livre « Thanh-hóa-chí » raconte qu'au temps de la dynastie chinoise des Hán antérieurs, Triệu-Vũ-Đế régnant sur l'Annam, un potier chinois nommé Hoàng-quang-Hưng, traversait l'Annam à la suite d'un gouverneur qui se rendait dans le pays de Cửu-chân (Thanh-hóa).

Surpris de ne trouver dans les maisons annamites que des vases grossiers et de petites dimensions, il questionna les habitants et leur dit « Où donc gardez-vous votre provisions d'eau pour boire et pour faire vos ablutions ? — Nous n'avons rien, lui répondirent-ils, pour garder chez nous une provision d'eau. Quand nous avons soif, nous allons nous désaltérer à la mare du village ; quand nous voulons faire nos ablutions, nous allons encore à la mare.

— Je vois, dit le Chinois, que vous êtes bien ignorants et bien primitifs ; je suis, dans mon pays, potier de terre, et je sais faire des vases assez grands pour conserver une provision d'eau suffisante pour la consommation d'un mois ; voulez-vous que je vous enseigne la manière de fabriquer ces vases ? »

Un de ceux qui l'écoutaient, nommé Trương-trung-Ai, accepta et l'emmena chez lui, au village de Đầu-khê, en Hai-dương (canton de Kim-đô, huyện de Thanh-lâm).

Hoàng-quang-Hưng commença par construire un vaste four dans le jardin de l'Annamite, puis il fit préparer une grande quantité de terre qu'il fit nettoyer, laver, et battre plusieurs fois, à laquelle il mélangea une sorte de terre blanche et grasse (Kaolin). Puis il fixa dans le sol une pierre percée d'un trou au centre, et il fit tourner sur cette pierre une plateforme mobile en bois. Après quoi il enseigna à son élève la manière de disposer sur la plateforme une masse de terre, de l'arrondir et de la creuser avec les mains tout en imprimant avec le pied, à la plate-forme, un rapide mouvement de rotation.

Pe dant trois mois, l'Annamite s'exerça ainsi à tourner des vases puis a les faire sêcher et enfin a les faire cuire dans le four ; au bout de ce temps, il avait obtenu des résultats suffisants pour se passer désormais des conseils du Chinois; qu'il remercia en lui donnant vingt barres d'or.

Trung-Ái ne tarda pas à acquérir une véritable habileté dans sa nouvelle profession, qu'il voulut enseigner a toute sa famille. Il fabriqua d'énormes quantités de ces vases que l'on appelle *chum* et *vại*, et les fit transporter à Băc-ninh et à Hải-dương où l'on venait les lui acheter de tous les points du royaume. Il s'enrichit très vite. Quand il mourut, ses fils lui succédèrent ; après ses fils, ce furent ses petit-fils, puis ses neveux. Et peu a peu tout le village se couvrit de fours à potiers.

Sous le règne de Lê-Thánh-Ton (1460-1497,) un descendant de Trương-Trung-Ái transporta son industrie au village de Tnô-hà, dans le huyện de Việt-yên en Bắc-ninh. Le village, aujourd'hui dans la province de Bắc-giang, s'empara très vite de l'industrie des vases chum et vại, et ne tarda pas a rivaliser avec celui de Đầu-Khê sous le rapport de l'importance de la production. Il y joignit la fabrication des cercueils à exhumation.

De Thổ-hà l'industrie des vases et cercueils en terre cuite fut transportée à Thanh-hoa sous le règne de Thánh-Tôn.

Deux temples ont été élevés, l'un au Chinois Hoang-quang-Hưng, et l'autre à l'Annamite Trương-Trung-Ái, patrons (génies protecteurs), des potiers de terre.

## CHAPITRE QUATRIEME

### Les Habitants

On retrouve au Thanh-hóa la plupart des populations du Tonkin.

Des populations primitives on ne sait rien.

Les premiers enva-hisseurs, venus de la Chine et dispersés aujourd'hui en une infinité de tribus, seraient les Mươnǵs

A ce premier ensemble de populations s'opposent d'autres groupements plus civilisés dont l'immigration est plus récente mais date cependant de quelques siècles avant notre ère. Ce sont les Thais et les Annamites venus de la partie de la Chine située au Sud du Yangtse.

A ces trois groupes de populations il faut ajouter quelques éclaireurs Mans et Méos, émigrés de la Chine au Tonkin au milieu du XIXᵉ siècle, après les massacres affreux que les Chinois en ont fait vers cette époque.

Il est important de noter que l'origine des Mường prête à controverse. Ils ont été classés, par le regretté savant M. Hamy, parmi les Indonésiens. Les recherches anthropologiques de M. Madrolle en Extrême-Orient viendraient confirmer cette hypothèse. M. Madrolle a bien voulu m'écrire que : « A cause de la langue, on pourrait faire des Mường des pré-annamites ; mais il y a quelque chose de plus tenace, de plus ancien que le langage ou la civilisation, c'est la race, la constitution de l'individu, de ses proches, de son groupement et de sa tribu.

Les Mường occupent les massifs montagneux de la rive droite du Fleuve-Rouge ; on les retrouve au Thanh-hóa et au Nghệ-an. Dans le Thanh-hóa ils sont localisés surtout dans les huyện de Thạch-thành et de Cẩm-thủy ; dans les châu, les villages Mường sont mêlés de villages Thais. Ces montagnards sont d'allure plus vigoureuse que les Annamites. Ils sont essentiellement chasseurs et agriculteurs, mais ils occasionnent des ravages dans les forêts à cause de leur procédé de culture par écobuage (rầy ou hẫy).

On rencontre les Thais sous les noms les plus divers a travers la moitié nord de la péninsule indochinoise (1). Il y a une certaine parenté ethnique et une communauté d'origine entre les Thais et les Annamites. C'est des régions au Sud du Yang-tsé que ces deux peuples sont partis pour poursuivre leur mouvement d'expansion vers le Sud (Annamites) et le Sud-ouest (Thais). Pour la localisation des Thais dans le Thanh-hóa, on peut distinguer trois zones : 1° l'arrière pays montagneux, où il y a des Tháis purs ; 2° entre cette région et le delta, c'est la zone de mélange des Tháis et Mường ; 3° la troisième zone est le châu de Như-xuân, où il y a des Thais mêlés d'Annamites. Les Thais sont essentiellement agriculteurs et chasseurs.

_______

(1) Thô, Shan, etc...

Mường de la région de Phong-Y

Les Meos ou Miaos sont de grands destructeurs de forêts par suite de leur procédé unique de culture par écobuage Ce sont de bons éleveurs. On les trouve toujours sur les sommets. Il est difficile, vu leurs habitudes nomades, d'en fixer le nombre: lorsque le terrain défriché par écobuage ne peut plus être ensemencé, la tribu entière se déplace pour aller incendier un nouveau coin de la forêt. Ils sont localisés près de *Mường-lát,* dans les cantons de Lực-canh et de Hữu-thủy du châu de Quan-hóa.

Les Mans (1) se trouvent dans le canton de Điền-lư du châu de Quan-hóa.

Les Annamites représentent plus de 90 % de la population totale de la province. Après avoir occupe le delta tonkinois, les Annamites envahirent les plaines du Noid Annam au cours de la période légendaire de la dynastie des Hồng-Bàng (2879-258 av. J. C). Après avoir chassé les autochtones jusque dans les montagnes de l'ouest, ils s'accumulèrent dans le riche delta du Sông-Mã et empiétèrent peu à peu sur la moyenne région. Comme les Tonkinois, les habitants du Thanh-hóa sont plus grands et plus fortement musclés que les Annamites fixés au Sud du Hoành-son, limite naturelle du Nord et du Centre Annam. La linguistique, les mœurs, les coutumes montrent encore que l'habitant du Thanh-hóa se rattache au Tonkinois et non aux Annamites de Huế. L'assimilation est en particulier marquée par la coutume d'exhumer les morts après trois ans de sépulture, et de se servir de cercueils en poterie pour recueillir les ossements auxquels il est donné une nouvelle sépulture. Cette coutume a provoqué la fondation, au chef-lieu, de fours pour la fabrication de ces cercueils ; ces fours rappellent ceux de Thổ-hà (province de Bắc-giang), Hương-canh et Ngọc-canh (Vĩnh-yên) du Tonkin. Que ce soit enfin au point de vue de la forme, de la couleur et de la composition du costume, de la forme du chapeau, de la façon de nouer et d'envelopper le chignon des femmes, tout

---

(1) Terme employe au Tonkin et signifiant « les Barbares du Sud » appellation chinoise, en Chine le terme usité est Yao et signifie « Chacal ».

rappelle le Tonkin. Enfin, le grincement de la roue en bois sur l'essieu de la brouette à porc tonkinoise, dans les rues du chef-lieu, les jours de marché, oblige la pensée de l'Européen qui a vécu à Huế à se fixer de nouveau sur les différences à établir à bien des points de vue entre le centre-Annam et la partie du Việt-Nam située au Nord du Hoành-sơn.

*
* *

Des bases précises' manquent pour évaluer le chiffre de la population annamite, thai, mường.

Une Ordonnance royale du 23 décembre 1912 (arrêté du 16 Juin 1913) a créé un état-civil dans les centres urbains. D'après le recensement de 1918 le chef-lieu comptait 7.005 habitants. Mais il faudra bien des années pour que la réforme se généralise dans la pratique et s'étende jusqu'au moindre hameau, parce que les Annamites veulent tenir leur vie familiale à l'abri de toute intrusion ; de plus, toute enquête est considérée comme une mesure préliminaire à une augmentation d'impôts. C'est que, en effet, les recensements périodiques, qui avaient lieu tous les cinq ans dans l'Ancien Annam, avaient précisément un but fiscal puisqu'ils étaient surtout destinés à fixer le nombre des inscrits.

Les seuls chiffres exacts de la population que l'on puisse donner soit ceux des inscrits payants et exempts, dont la liste globale est établie par le Préfet fiscal (Bố-chánh) d'après les registres communaux. Le nombre des inscrits fut de 33 mille en 1819, 51 mille en 1875, 69 mille en 1908, et arrêté au chiffre de 69.912 en 1918. Ces variations n'impliquent certainement pas une augmentation considérable de la population. Quoiqu'il en soit, le chiffre approximatif de la population doit sinon dépasser, du moins approcher de un million cinq cent mille.

*
* *

*Les Montagnards du Thanh-hóa, leurs occupations.* — Les Montagnards sont essentiellement agriculteurs et chasseurs. Cependant l'agriculture est peu développée chez les Mường et les Thảs parce qu'ils plantent juste comme riz ce qui, en bonne année, doit leur fournir ainsi qu'à leur famille, de

**Thanh-Hóa : Lo, Chum, quartier des poteries**
(Cliché de la Revue Indochinoise)

quoi subsister jusqu'à la prochaine récolte. Les bonnes récoltes étant rares nous pouvons dire qu'ils ne plantent jamais assez de riz. N'ayant presque pas de besoins, ils ne travaillent que pour satisfaire leurs besoins journaliers. Cependant les quelques rizières humides que possèdent quelques villages, disposées en amphithéâtre et par étages successifs, témoignent d'un véritable travail et d'une certaine ingéniosité digne d'être notée, tout au moins pour la capitation des eaux à des distances parfois considérables, et leur arrivée, par canaux à flancs de cô eaux avec une pente insensible, à l'endroit le plus haut du terrain à arroser. Grâce à cette façon de procéder et à une judicieuse répartition. deux récoltes peuvent être obtenues là où une seule aurait peine à croître. Si l'eau ne peut venir d'elle-même par un travail quelconque fait une fois pour toutes, le montagnard préférera abandonner le terrain, en chercher un plus commode. plutôt que de s'astreindre, tel l'Annamite, à la monter soit avec un seau, soit avec une large pelle, soit avec une noria.

Outre ces rizières, notoirement insuffisantes, dans la haute région, les habitants défrichent chaque année des coins de la forêt à flanc de montagne, laissent sécher arbres, arbustes, puis brûlent le tout pour fumer la terre : c est le « hẫy » ou « rẫy ». Dès qu'une humidité suffisante du sol a été obtenue par les plusies on y plante du riz, du maïs, du manioc et des cucurbitacés. La récolte du riz terminée, les Tây ensemencent sur le terrain du maïs en disposant en même temps, tous les trois ou quatre mètres, quelques graines d'un arbre appelé « soan » (ou xoan-tia) (lilas du Japon). La seconde année on fait une nouvelle, récolte de maïs, ensuite le coin est abandonné parce que la végétation naturelle reprend et empêche ainsi toute culture, et les soan commencent à donner trop d'ombre pour permettre une bonne récolte.

A l'inverse de l'Annamite, le Tây après avoir coupé le riz, ne l'égrène pas ; il laisse les épis en petites bottes, de la grosseur de ce que peut tenir une main, et, après les avoir bien fait sécher, les place soit dans sa maison sur des bambous, soit dans des greniers spéciaux. On n'égrène et on ne décortique qu'au fur et à mesure des besoins, afin d'avoir un grain aussi bien co.servé et aussi bien parfumé que possible.

Les insectes et les rats sont une calamite dans le pays. Pour éviter les premiers, le Tây met les grains au-dessus du foyer, la fumée les éloigne ; pour éviter les rongeurs, sur les pilotis des greniers, à une petite distance du plancher, les Tây disposent des planches d'un bois très dur sur lequel les griffes des rats n'ont pas prise.

Cette habitude de laisser les épis de riz en petites bottes est telle que la poignée est devenue une véritable mesure de surface on ne dit pas qu'un village a tant d'hectares ou de mẫu de rizières, on dit qu'il plante tant de poignées.

Les montagnes se prêtent merveilleusement à l'élevage des ruminants mais surtout le buffle, qui constitue une grande partie de la richesse mobilière des montagnards.

Le buffle trouve en effet toutes les conditions de son bien-être et prospère dans les vallons encaissés entre les hauteurs, et sur les terrains défrichés par écobuage ; ces espaces brûlés où les Mường ont cul'ivé du riz de montagne et du maïs sont rapidement envahis par une herbe excellente au bétail, malheureusement la brousse ne tarde pas à reprendre ses droits et les grandes herbes à paillote étouffent les graminées.

Les bœufs du Thanh-hóa sont, sans contredit, les plus appréciés pour la boucherie, et ils ont été toujours mis largement à contribution pour l'approvisionnement du Tonkin. Des troupeaux importants achetés sur les marchés de la ville de Thanh-hóa et de Chợ-bản sont dirigés sur les provinces du Tonkin.

Dans la région mường où il est produit, le bœuf trouve en abondance une excellente pâture en toute saison, et la température, relativement clémente en hiver, ne l'éprouve pas autant que l'est le bétail du Tonkin. Il a une taille supérieure à celle des autres races bovines l'indochinoises. Dans les concours agricoles, les bœufs du Thanh-hóa, préparés en vue de la boucherie, ont toujours obtenu les premières récompenses,

Le mode d'élevage dans la région montagneuse est celui qui exige le moins d'efforts pour le propriétaire : les animaux, lâchés en pleine brousse, choisissent leur nourriture et leur boisson ; ils sont vaguement gardés par des enfants et tout le soin qu'on en prend consiste à les faire rentrer le soir dans l'enceinte du village, où ils se réfugient sous les habitations de leurs propriétaires respectifs, habitations construites sur pilotis à 2m.50 au-dessus du sol environ. Ces écuries rudimentaires sont ouvertes à tous les vents, ce qui est un mal nécessaire, en raison de l'état du sol converti en un véritable bourbier. Les buffles y pataugent agréablement en compagnie des autres animaux domestiques, bœufs-et porcs.

Dans les forêts, les mon agnards chassent les éléphants, les bœufs sauvages, les ours, les loutres, et surtout les rhinocéros et les cerfs. Le prix de la corne de rhinocéros va jusqu'à cent et cent cinquante piastres, — la moitié, ou le tiers du prix revient au « thao » (chef de village dans les châu thai), Les cornes de cerfs du Thanh-hóa sont, d'après les Annamites, meilleures que celles de toutes les autres provinces au point de vue médicinal. Il est des bois de cerfs qui se vendent jusqu'à vingt et même trente piastres. Une partie du prix revient au « thao » . Le bois de cerf nouvellement mué et encore tendre se vend au moins trente piastres.

Les montagnards vont aussi à la recherche des canneliers sauvages. La cannelle est réputée non seulement comme aromate,) mais principalement comme médicament tonique et excitant. C'est un aphrodisiaque très recherché des Chinois. Les écorces de cannelle provenant du Thanh-hóa sont considérées comme de première qualité. Les Chinois l'apprécient particulièrement pour ses qualités thérapeutiques, ils la revendent avec une majoration de prix considérable, telle, assure-t-on, que certaines qualités se vendent à poids égal d'or. On attribue le summum de qualité aux écorces prélevées sur le tronc d'arbres adultes de (20 à 30 centimètres de diamètre. Pour distinguer ces écorces de toutes les autres sortes ou qualités, on les désig e sous les mots suivants : « qué rừng da thanh ba », c'est la cannelle dite "royale".

La cannelle faisait autrefois partie du tribut annuel en nature payé par le gouvernement annamite à la Chine. Son exploitation a été de ce fait soumise à certaines obligations,

Bien que cette contribution soit tombée en désuétude, la cour de Huế s'est conservé le privilège d'une certaine quantité de la cannelle du Thanh-hóa, le produit par excellence de l'Annam.....

Tout individu ayant découvert un cannelier doit en faire la déclaration immédiate au Quan-châu de la région ; celui-ci porte cette déclaration à la connaissance du délégué du Résident et à l'autorité provinciale. « Une commission com-« posée d'un représentant du Résident, d'un représentant du « Tổng-đốc et du Quan-châu se rend alors sur les lieux « pour constater l'état de l'arbre et faire procéder, s'il y a « lieu, à son écorçage. Puis, cette opération terminée, on « procède à la mise en panier, à la vérification du contenu « et à l'apposition sur les fragments, découpés à longueur « déterminée, du cachet officiel détenu par le délégué du « Résident à Bái-thượng. Les écorces une fois séchées et « soumises à d'autres préparations indispensables sont livrées « aux mandarins provinciaux. Ceux-ci les examinent en con-« seil, après quoi ils achètent la quantité nécessaire à la « Cour et rendent le surplus, ou tout ce qui paraît de qua-« lité inférieur, au Quan-châu. Les habitants peuvent alors « librement vendre la cannelle qui leur a été restituée. Le « produit de la vente doit être partagé entre celui qui a trou-« vé l'arbre, les préparateurs, les gardiens, le Quan-châu et « les habitants, conformément aux coutumes mường... Lors « de la foire de Vinh (décembre 1907) la vente des écorces « d'un cannelier récemment découvert en forêt procura à « l'indigène qui l'avait exploité une somme de 4.000 piastres ».

La cannelle obtenue en forêt, le produit par excellence, devient de plus en plus rare parce qu'elle exige le sacrifice de l'arbre. C'est pourquoi dans quelques régions de l'Annam, le Quảng-nam, par exemple, on substitue au produit sylvestre des produits de culture : la « cannelle des jardins », cultivée en pays annamite par les indigènes, et la « cannelle des Mois », cultivée par les Mois eux-mêmes sur défrichement de forêt abandonné suite en presque à l'état sauvage.

Le montagnard ne prend guère la peine d'ouvrager et surtout de parfaire ce qui lui est nécessaire : habile de ses mains, il sait, avec le bambou et le rotin, faire tout ce qui est indispensnble chez lui, notamment ces paniers de toutes les formes et de toutes les dimensions que ne renierait pas un habile vannier. De même pour ses instruments de pêche qu'il fabrique lui-même.

Les femmes filent et tissent le coton, la ramie de la récolte, après les avoir teints, et produisent quelques dessins très simples et assez jolis.

Sorti du travail du bois, et encore celui-ci est-il très limité, le montagnard ne sait rien faire : construire sa maison et la fournir d'ustensiles, débiter un arbre pour en faire une pirogue par l'emploi de la hache et du feu, voilà tout son savoir. Il ignore la scie, et quand, dans les maisons des chefs, on trouve des battants de portes ou de fenêtres mesurant de 0m.70 à 1m.20 de large, d'un seul morceau, il faut bien se persuader qu'ils ont été taillés à même à la hache, le tronc a été rogné jusqu'à ce que l'épaisseur voulue soit atteinte. Il n'est pas non plus forgeron, ses coupe-coupe, ses haches etc... sont faits par des Annamites établis à l'extrême limite du delta, dans la moyenne région du Thanh-hóa.

Les marchés situés près des châu mường, fournissent de couteaux, coutelas, serpettes, houes, bêches, haches, tré-pieds, la clientèle nombreuse de Mường, Thái, Laotiens qui, périodiquement, viennent renouveler leur provision d'instruments. Les villages où sont situés ces marchés comptent beaucoup d'étrangers ; parmi eux, un fort contingent de forgerons est fourni par le Nghệ-an.

*<br>* *

## CHAPITRE CINQUIÈME

### Le Thanh-hóa dans l'Histoire du Đại-Việt

L'Histoire va nous servir à démontrer, elle aussi, que le Thanh-hóa se rattache au Tonkin, et non au Centre-Annam ; que le Thanh-hóa est une région de transition entre ces deux pays.

Et nous serons amené à conclure que « la Province de Thanh-hóa explique et fait mieux comprendre Huê » ; et que pour s'assimiler l'Histoire du Đại-Việt, il faut connaître celle du Thanh-hóa.

*<br>* *

Notre aperçu historique sur le Thanh-hóa sera le plus bref possible. Mais pour que vous en suiviez le développement avec profit il est indispensable que je vous fasse, auparavant, l'his orique des « Variations du pays dans ses limites et dans ses noms », il faut que vous connaissiez les « Lieux et monuments historiques ou légendaires. » du Xứ-Thanh ; il faut faire le récit des grandes épopées annamites dont ce pays fut le théâtre. Il faudrait enfin retracer la « biographie des hommes illustres » dont elle fut le berceau, mais c'est ce que nous ne pourrons faire qu'occasionnellement et très brièvement au cours de notre conférence, parce que le temps nous est limité

*<br>* *

**I. Variations dans l'étendue et les noms.** — La première dénomination fut « *bộ de Cửu-Chơn* », sous les Hồng-Bàng. Ce bộ comprenait le Nord-Annam et le Ninh-bình.

Lý-Bốn donne au quân de Cửu-chơn le nom de Ái-châu.

C'est sous le règne de Đinh-Bô-Lãnh que le nom de *Thanh-hoa* (華) apparaît pour la première fois, mais pour ne désigner qu'une partie de la province actuelle

A la fin des Trần le *bộ de Thanh-hoa* est dénommé *trấn de Thanh-đô*. Ce gouvernement comprenait le *Thanh-hóa ngoại-trấn* (Ninh-bình) et le *Thanh-hoa nội-trấn* (province actuelle)

Sous Lê-Thánh-Tôn (période Hồng-đức) le Thanh-hoa forme un des treize *Xứ*, et englobe le Ninh-bình.

Le Thanh-hoa ngoại fut dénommé *Thanh-bình* sous Gia-Long ; puis Ninh-bình, sous Minh-Mạng.

Minh-Mạng divisa le Đại-Việt en *trois vices royautés* : Bắc-kỳ, Trung-kỳ, Nam-kỳ, et fixa les limites de l'Annam et du Tonkin à la chaîne de montagnes qui est au Nord de la province. Le tỉnh de Thanh-hóa fut donc, administrativement, rattaché à l'Annam.

A l'avènement de Thiệu-tri, la province prit le nom de Thanh-hóa (化) parce que 華 était un des deux caractères entrant dans la composition du tên-húy de la Reine.

* * *

**II.— Lieux et monuments Historiques· — 1)** *Village de Cổ-lũng* (châu de Quan-hóa) : C'est là que Nguyễn-Kim répara et concentra les forces des Lê pour lutter contre les Mạc.

2) *Village de Quí-Hương* (phủ de Hạ-trung) c'est le lieu d'origine des Nguyễn. Là est le mansolée de Nguyễn-Kim. Une légende dit · « Nguyễn-Kim fut enseveli par le Tigre et par le Ciel, dans la forêt in'erdite.» Une autre dit : «Lorsque le cercueil fut descendu en terre, le dragon ferma la bouche; aussitôt écla a un orage formidable, les assistants disparurent à tout jamais sans laisser de traces. Après le cataclysme, ceux qui se rendirent au mausolée constatèrent qu'une végétation intense le recouvrait. Il fut dès lors impossible de reconnaî re l'endroit précis où fut inhumé Nguyễn-Kim.»

Deux enceintes en maçonnerie de plusieurs mètres de hauteur, surmontées de miradors; un large fossé rempli d'eau que franchissent des ponts, donnent au mansolée l'aspect d'une citadelle.

*3) Village de Thần Phù.* — Jusqu'à la dynastie des Lê postérieurs, Thần-phù fut un port de mer important. Aujourd'hui, par suite des conquêtes du domaine continental sur le domaine marin, ce n'est plus qu'un petit port fluvial.

Le passage par mer du Giao-Chỉ au Cửu-Chơn étant très dangereux, Mã-Viện fit percer un passage à travers la montagne de Nga-Sơn, et fit entasser des pierres pour construire des digues de protection contre les flots de la mer, à l'entrée et à la sortie du passage. On donna alors à la montagne le nom de Tạc-Sơn et le port reçut le nom de Tạc-Khẩu. Ensuite Mã-Viện fit creuser le canal faisant communiquer le Giao-Chỉ avec les commanderies de Cửu-Chơn et Phố-dương )plus tard appelée successivement Nhựt-Nam, Hàm-Hoan, Cửu-Đức, Hoàn-Châu; c'est le Nghệ-An actuel).

Thần-Phù, ainsi que nous le verrons dans le chapitre suivant, est un lieu célèbre dans les fastes du Đại-Việt.

De nombreux lettrés annamites ont célébré la beauté du site pittoresque de Thần-phù : Nguyễn-Chung-Ngan (sous la dynastie des Trần), Nguyễn-Trãi (début des Lê postérieurs). le roi Lê-Thánh-Tôn.

4) *Núi Ốc-Sơn* (Phủ de Hà-Trung): — Lorsque Triệu-Đà (208 av. J.-C.) pénétra dans le Cửu-Chơn à la poursuite de An-Dương-Vương, il campa sur la " Montagne en Escargot" et la fortifia.

Le génie de cette montagne apparut en songe aux rois Lý-Thái-Tổ (1020) se rendant dans le Quảng-Bình pour combattre les Chams, et lui promit le concours de sa puissance contre ses ennemis. Le roi, vainqueur, fit élever le temple dit Long-Cẩm sur le Ốc-Sơn pour célébrer le culte du Génie protecteur de Giao-Chỉ.

Le même génie apparut également à Trần-Thái-Tôn (1252) la nuit où ce Roi campa sur la montagne, et Thái-Tôn, grâce à la puissance que lui conféra le génie put s'emparer de la Reine chame Bồ-Đa-La et réduire à l'état de vassalité les ennemis séculaires du Sud de la race de Giao-Chỉ.

5) *La citadelle des Hồ* (Phủ de Quảng-Hóa). — Le Régent Lê-Quí-Ly fit construire en 1397, une capitale à laquelle il donna le nom de Tây-Đô, par opposition à Đông-Đô (Thăng-long, Hà-nội). Tây-Đô fut entourée d'une enceinte en terre d'une vingtaine de kilomètres de longueur à laquelle fut donné le nom de La-Thành, qui est également le nom que portait l'enceinte extérieure de Đại-La (Hà-nội, digue Parreau), capitale fondée par Cao-Biền sur les bords du Sông-tô lịch, (IX siècle). Les murs de la citadelle des Hồ ont été construits avec d'immenses blocs de calcaires marmoréens. Elle est percée, aux quatre points cardinaux, de portes voûtées en arc de plein de cintre. Celle de l'Est est à trois arches.

Lê-Lợi donna à cette capitale le nom de Tây-Kinh, et à la capitale de l'Est le nom de Đông-Kinh, nom dont les Français ont fait Tonkin.

Ainsi que nous le verrons dans les chapitres suivants, Tây-Đô ou Tây-Kinh eut une importance prépondérante.

**Long-Cam**

*(Cliché de la Revue Indochinoise)*

**Pagode de Long-Cam. Village Chương-các**
**près de la gare de Do-Len**

*(Cliché de la Revue Indochinoise)*

6°) *Village de Phú-Điền*. — C'est là qu'est le temple d'une célèbre amazone, Triệu-Thị-Ầu.

Elle naquit à Trung-Sơn (huyện de Nông-Cống). Pendant la période troublée de l'Histoire de la Chine, dite des « Trois Royaumes » (IIIᵉ siècle), elle souleva le Cửu-Chơn contre la tyrannie de la dynastie chinoise des Ngô.

Ses succès sur les Chinois furent si sanglants que ceux-ci composèrent sur ses exploits une poésie dont nous détachons les vers suivants :

« *Hoành quang anh hồ dị,* »
« *Đối diện Bà-Vương nan.* »

« Allonger le bras pour prendre le tigre est facile, »
« Mais regarder Bà-Vương en face est difficile. »
Dans les documents historiques chinois elle est connue sous le titre de Lê-Hai Bà-Vương.

7°) *Village de Trinh-hà*. — Sur l'emplacement de ce village était une citadelle au temps de Triệu-Đà.

Sur un tertre est le temple élevé à la mémoire de Triệu-quang-Phục qui prétendait descendre de Triệu-Đà.

Il fut le lieutenant de Lý-Bốn dans les luttes que soutint ce fondateur de la dynastie annamite des Lý antérieurs (533-602) contre le Gouverneur chinois Tiêu-Tư, de la dynastie des Lương. (1)

A la mort de Lý-Bốn, il se fit proclamer empereur et prit le titre de Triệu-việt-Vương, le peuple le désigna sous le titre de Gia-trạch-Vương.

Le fils de Lý-Bốn, Lý-phật-Tử le vainquit et le tua au port de Triệu-Môn (affluent Sud du Sông-Mã).

Sur la fin de Quang-Phục fut composée une légende qui apparaît comme un démarquage de celle composée après la mort de An-đương-Vương (IIIᵉ siècle av. J-C).

« Poursuivi par le général chinois Trần-bá-Tiên, il dut un jour se réfugier dans une plaine marécageuse.

---

(1) Lý-Bốn donna au Nam-Việt le nom de Vạn-Xuân.

« Le dragon surgit des eaux et lui remit une de ses griffes qu'il adapta à son casque, disent les uns, à sa hallebarde disent les autres. Ce talisman lui permit de vaincre l'ennemi. Pour annihiler la puissance surnaturelle de son rival, Phật-Tử eut recours à la ruse. Il obtint pour son fils Nhã-Lang la main de Mĩ-Nương, fille de Quảng-Phục. Nhã-Lang se fit révéler par sa femme le secret de la force de son père, et déroba la griffe du dragon. Alors la victoire changea de camp. Quang-Phuc battit en retraite jusque dans le Thanh-hóa où il trouva la mort. Mĩ-Nương, désespérée des suites de sa trahison, se jeta dans la mer avec les princes de sa famille. Ce flot porta les cadavres jusqu'au port de Càn (Nghệ-an et les laissa sur le sable. Le corps de la princesse était dans un état de conservation parfaite, au point qu'on aurait pu la croire plongée dans un sommeil éternel. »

Un temple fut élevé à sa mémoire sur la plage où le flot rejeta son cadavre.

8°) *Nui Kim-son.* (Phủ de Quảng-hóa) les nombreuses grottes dont est creusée cette montagne servirent de refuge aux Annamites lors des invasions des Mongols.

Près de là est le village de Sóc-son, lieu d'origine des Trịnh.

Dans la même région, Trịnh-Kiểm fit éprouver une sanglante défaite à Mạc-kính-Điển, dont les troupes remontaient le Đại-Lại-Giang (1555).

9°) *An-Trường.* — C'est à An-Trường que Lê-Lợi fit construire sa première citadelle. Trinh-Kiểm en fit une capitale pour les Lê, sous le règne de Trang-Tôn

A partir de l'usurpation de Mặc, An-Trường fut, plus que Hanoi, la résidence royale.

Défendue par Lê-Cập-Đê elle soutint un siège victorieux de Mạc-kính-Điển.

Elle fut, sans doute détruite par les Tây-Sơn.

La brousse et la forêt envahirent ses ruines, et défendent ainsi les vestiges de la capitale déchue.

10°) *Lam-son.* — C'est là qu'est né, la 9e année de la période Xương-Phù (1385) de Trần-Đế-Hiệu, *celui qui* libéra

**Temple de Mật-Sơn : Statue de Lê-Thăn-Tôn**

*(Cliché de la Revue Indochinoise)*

le Đại-Việt du joug de la dynastie des Minh. J'ai nommé Lê-Lợi. Sur la montagne de Du-sơn est le Vinh-Lăng mausolée du héros. Le texte de la stèle commémorative des hauts faits de Lê-Lợi fut composé par son compagnon d'armes, Nguyễn-Trãi.

**11°)** *Trường-Xuân.* -- Ce village est sur l'emplacement de la Capitale fondée par Lê-Ngọc, au VIIᵉ siècle.

Sous la dyuastie des Tùy (589-612), Lê-Ngọc fut gouverneur du Ái-châu, et plus tard, Đô-hộ du Giao-châu (Tonkin) A la chute des Tùy, il se donna le titre d'Empereur. Mais son règne fut éphémère, il ne dura que 8 années.

Il fut enterré à Trường-Xuân, où un temple fut élevé à sa mémoire.

Lê-Ngọc était originaire du huyện de Đông-cương, subdivision du quận de Ái-châu Cửu-châu (aujourd'hui : huyện de Đông-sơn, province de Thanh-hóa).

**12°)** *Kỳ-lân-sơn ou Mật-sơn.* — Le village de Điễn-thụy au pied de cette montagne, serait le lieu d'origine de Lê-Hoàn, fondateur de la dynastie des Lê antérieurs. D'après une version, en effet, Lê-Hoàn était originaire du Ái-châu et était fils adoptif de l'An-sát de cette province ; mais nous devons ajouter que, d'après une autre version, il serait né à Ninh-Thái, huyện de Thanh-liêm, dans la province de Hà-nam.

A Mật-sơn est le temple consacré à Lê-Thần-Tôn. Dans ce temple sont les statues de ce Roi et de six de ses femmes, dont une était Hollandaise.

**13°)** *Village de Bố-vệ.* — Le temple des Lê était autrefois à Lam-sơn, Minh-Mạng le fit transporter à Bố-vệ (aujourd'hui village de Kiều-đại ; vulgairement Cầu-bố).

C'est à Bố-vệ que sont les mausolées de Lê-kinh-Tôn et de Lê-Anh-Tôn.

**14°)** *La montagne de Ngọc-úc.* — (phủ Tĩnh-gia, autrefois huyện de Ngọc-sơn). Là sont les temples « Ngọc-Công-Chúa et « Ngọc-khê », et le « Puits où on lave les Perles ».

La région de Ngọc-úc est célèbre dans les fastes légendaires du Giao-chỉ. A la fin du III^e siècle avant l'ère chrétienne, An-Dương-Vương, battu au Tonkin par Triệu-Đà, se réfugia dans le Thanh-hóa, il fut acculé par son ennemi dans le Sud de cette province et y trouva la mort. Sur la mort de sa fille Mĩ-châu, fut composée une gracieuse légende que tous les Annamites connaissent. Là où elle fut tuée par son père, parce qu'elle l'avait trahi, s'élève le Ngọc-Công-Chúa. Son mari. — Trọng-thủy, fils de Triệu-Đà — arriva trop tard pour la sauver. De désespoir il se jeta dans un puits. Ce puits fut dès lors appelé « Tiên-Ngọc » parce que ses eaux acquirent, à la suite de la tragédie, la propriété merveilleuse de donner aux perles, que les pêcheurs allaient rechercher près de là dans la mer, des reflets incomparables.

**III. — Thanh-hóa théâtre des grandes épopées du Đại-Việt.** — Le pays de Thanh-hóa fut la dernière citadelle des usurpateurs et des dynasties aux abois. C'est dans ses plaines et dans les carrefours de ses montagnes que se livrèrent les batailles décisives qui mirent fin pour la race de Giao-chỉ à la tyrannie de la domination chinoise et au cauchemar des invasions chames.

*1·) Luttes entre dynasties rivales.* — C'est dans le Sud du Thanh-hóa (phủ Tĩnh-gia) que Triệu-Đà anéantit les troupes de An-Dương-Vương (208 av. J-C.)

Au VI^e siècle, Triệu-quang-Phục — usurpateur du trône des Lý antérieurs — poursuivi par Lý-Phật-Tử, se réfugia dans le Thanh-hóa, où il fut battu et tué, au moment où il voulait s'enfuir avec sa flotte, au port de Triều-Môn (Sông-Mã)

Au XVI^e siècle, le Xứ-thanh fut souvent le champ de bataille des luttes entre les troupes restées fidèles aux Lê et les partisans des Mạc. Dans ces luttes s'illustrèrent Lê-Cập-Đệ, Nguyễn-Kim et Trịnh-Kiểm.

La 7^e année de Duệ-Hoàng (1771), Chúa de Cochinchine, éclata la révolte dite des « Tây-Sơn ». Ceux-ci firent la conquête de tous les pays de langue annamite, domaines des

Nguyễn et des Lê. Les troupes de Nguyễn-văn-Huệ — un des trois frères qui étaient à la tête de la révolte — furent arrêtées par Lê-Trung-Nghĩa au moment où elles débouchaient par le col de Hoàng-mai pour envahir le Thanh-hóa Mais Trung-Nghĩa fut écrasé sur la plage de Vệt (phủ Tĩnh-Gia).

Les Tây-Sơn ravagèrent, dit-on, la province. Ils razzièrent tous les objets votifs, toutes les statues, toutes les cloches en cuivre des temples et pagodes pour fondre des canons et des sapèques. Ils violèrent les sépultures. C'est sans doute eux qui ont détruit les capitales An-Trường et Tây-Kinh.

2°) *Luttes contre les Chinois* — Pendant la période troublée de l'histoire de la Chine dite des « Trois Royaumes » (IIIᵉ siècle) le Nam-Việt était sous la domination des Ngô qui régnaient Nankin. Uue amazone, Triệu-thị-Âu et son frères Triệu-Quốc-Đạt. aidés par Vương-Thiện, Lãnh-Long, Bào-Thúc, Tôn-Thân, levèrent l'étendard de la révolte dans le Cửu-Chơn. Thị-Âu commença à combattre à vingt ans et mourut les armes à la main à vingt-trois ans. Elle fut vainqueur des Chinois en maints combats, mais elle fut vaincue par Lục-Dận.

L'usurpation du trône des Tùy (612) par Lương-Tiên plongea la Chine dans l'anarchie. Le Đô-hô du Giao-châu, Lê-Ngọc, profita des circonstances pour faire du Giao-Châu un royaume indépendant. Il établit sa capitale à Trường-Xuân dans le Cửu-chơn (Thanh-hóa). Il partagea le pays entre ses frères et ses enfants : son fils aîné Ich-Tri eut le gouvernement du Cửu-chơn ; ses deux fils, Trung-qnốc et Tả-quốc, et sa fille Tưng-Liệt eurent le commandement des armées du Tonkin. Ils luttèrent pendant trois ans contre les Chinois. Le fondateur de la dynastie des Đường (618-907) envoya des troupes pour soumettre Lê-Ngọc. Celui-ci, battu au Tonkin, se refugia dans le Cửu-chơn où il lutta pied à pied pendant deux ans, En un combat malheureux il fut battu et tué. Son règne éphémère avait duré huit ans (612-619).

Au XIIIᵉ siècle, le lộ de Thanh-hóa subit l'invasion mongole. Mais les Trần, après avoir réparé et concentré leurs forces dans ce pays chassèrent les mongols du Đại-Việt.

La dernière domination chinoise fut celle des Minh. (XV<sup>e</sup> siècle). Le trấn (1) de Thanh-đô fut alors souvent le champ de bataille entre Annamites et Chinois. Les Hồ avaient usurpé le trône des Trần, Les Minh intervinrent dans les affaires du Đại-Việt à l'instigation de princes de la famille des Trần réfugiés en Chine. Les Hồ furent battus au Tonkin par Trương-Phụ et Môc-Thành. Ils se réfugièrent dans le Thanh-đô où eurent lieu plusieurs combats. Assiégés dans Tây-đô par Trương-Phụ ils réussirent à s'enfuir, mais leurs troupes furent écrasées près du Sông-Mã. Les Hồ reculèrent jusque dans le Hà-tĩnh où ils furent faits prisonniers.

Les Minh établirent, non sans difficultés, leur domination sur la race de Giao-Chỉ. Le Thanh-hóa fut constamment en état de rébellion contre les Chinois. Trường-Phụ bat les Annamites à Thân-đâu, la 4<sup>e</sup> année de la période Trung-Quang *(1412)* de Trần-qui-Khoang, le dernier roi de la dynastie des Trần.

Le plus glorieux de leurs adversaires fut Lê-Lợi qui, après plusieurs années de combats, (1418-1428) réussit à libérer définitivement le Đại-Việt du jong chinois, et fonda la dynastie des Lê postérieurs.

Il rassembla des partisans dans la moyenne région, aux environs de Lam-sơn, son village natal. Il fortifia la position de An-Trường, dont il fit sa capitale. Aidé de ses lieutenants Nguyễn-Trãi, Trần-Hãn, Lê-Lai, etc, il combattit avec succès, dans le Thanh-hóa, les généraux chinois Lý-Bân, Mã-Kỳ et Trần-Tri. Dans ce pays, les principaux combats de cette guerre de l'indépendance furent livrés à Khối-sách *(Yên-định)* Ủng-ải (Cẩm-thủy), Đa-căng (Quan-hóa). Il s'empara de la Capitale de l'Ouest, Tây-Đô, en 1424. Après qu'il eut définitivement vaincu les Chinois au Tonkin, les Minh lui donnèrent l'investiture royale.

Depuis lors le Đại-Việt n'eut plus à souffrir de la rapacité et de la tyrannie des Gouverneurs chinois.

3°) *Luttes contre Chams.* — Dès les premiers temps de l'Histoire du Giao-Chỉ, dans la partie du pays située au Sud

---

(1) Thanh-hóa-Phủ sous les Minh.

du Hoành-sơn (Hà-tĩnh) des pirates malais, venus des îles
formant le Royaume de Qua-Oa (îles Philippines de l'Indonésie ou Malaisie) avaient fondé des royaumes connus dans
les annales chinoises et annamites sous le nom de Chơn-
lập, Lâm-ấp, Chiêm-thành. On a l'habitude, dans les documents historiques français, de grouper ces royaumes sous
le nom de Royaume de Champa, dont les habitants ont
reçu le nom de Chams.

Dans l'histoire du Đại-Việt, les Chams apparaissent comme des pillards et des écumeurs de mer toujours prêts à
envahir la nation voisine, malgré les terribles représailles que
leur infligèrent souvent les gouverneurs chinois du Giao-Chỉ,
et les souverains des dynasties nationales du Đại-Việt.

Alors que la race de Giao était sous la domination chinoise
des Tống 431, un roi du Lâm-ấp, Phạm-Dương-Mai attaqua
le Nhựt-nam (Nghệ-an) et le Cửu-chơn (Thanh-hóa) avec des
forces importantes de terre et de mer. Il fut battu par Đàn-
Hòa-Chì, thứ sử du Giao-Chỉ.

Sous la domination de la dynastie des Đường (757), les pirates malais du Royaume de Qua-Oa virrent ravager les châu de
Hoan (Nghệ-an) et de Ái (Thanh-hóa). Le Kinh-lược Trương-
Bá-Nghi réussit à les disperser. Quelque quarante ans plus
tard, ils firent une nouvelle incursion et s'emparèrent des capitales des châu de Hoan et de Ái. Mais le Đô-hộ Trương-châu
les rejeta au-delà des frontières.

A partir du Xᵉ siècle, ce sont avec les dynasties nationales
— dont la première, fut fondée par Ngô-quyền (939), qui était
originaire du châu de Ái (1), — que les Chams entreront en lutte.

La 10ᵉ année de la période Thái-Bình (979) de Đinh-Bộ-Lãnh
une flotte cham arriva au port de Thần-đầu (Thần-phù) pour
s'emparer de Hoa-lư (2) et pour ravager le Thanh-hóa et le
Tonkin. Mais une tempête jeta la flotte chame sur les rochers du
Nga-sơn. Les barques qui échappèrent au naufrage s'enfuirent.

---

(1) d'après les Annales, il serait né dans la province de Sơn-Tây.

(2) capitale du Đại-Cù-Việt nom donné au Giao-Chỉ par Lãnh en
montant sur le trône

C'est sous la dynastie des Trần que les Chams firent courir les plus grands dangers à l'indépendance du Đại-Việt. Si ce pays ne fut pas asservi à ces pillards nous verrons que ce fut grâce à un héros né dans le Thanh-hóa, Trần-Khát-Chơn.

Lorsque les grands mandarins intronisèrent Trần-Nghệ-Tôn, la Reine-Mère, qui avait essayé de faire sacrer un prétendu petit-fils de Minh-Tôn son époux, dut s'enfuir. Elle partit pour le Chiêm-Thành. Sa félonie attira de grands malheurs sur le Đại-Việt. A son instigation, le Roi cham envahit sa patrie. Les Chams pillèrent le Nord-Annam, et, après avoir ravagé le Thanh-hóa, avancèrent jusqu'à Hà-nội. Ils emmenèrent un riche butin et un grand nombre de prisonniers qu'ils réduisirent à l'esclavage.

Depuis lors les malheurs ne cessèrent d'accabler la race de Giảo-Chỉ.

Nghệ-Tôn démissionna et son frère Duệ-Tôn monta sur le trône. Malgré l'avis des mandarins qui estimaient que le pays était épuisé en troupes et en argent depuis la dernière invasion, Duệ-Tôn, voulut, par représailles, châtier le Chiêm-Thành. Mais son armée subit un désastre complet devant Đồ-Bàn (ou Chà-Bàn) capitale du Chiêm-Thành. Duệ-Tôn fut tué, son frère Húc fut fait prisonnier. (1376) Ce prince fit sa soumission au vainqueur Chế-Bồng-Nga et devint son gendre. Il devait pousser la félonie à l'extrème, ainsi que nous allons le voir.

Les malheurs du Đại-Việt n'étaient pas encore assez grands, pour comble d'infortunes il fallut encore que l'ambition d'un grand mandarin amena le pays bien près de sa perte. Cet ambitieux était Lê-Qui-Ly. Tout d'abord il lutta avec succès sur terre et sur mer contre les Chams. Par ses victoires sur les ennemis séculaires des Annamites il devint très puissant à la cour des Trần. Quand son influence fut devenue répondérante il prépara l'usurpation du trône à son profit. Il y eut alors luttes entre les fidèles partisans des Trần et la clientèle de Lê-Qui-Ly, ce qui fit que les forces du Đại-Việt, au lieu d'être concentrées en vue de la lutte contre les ennemis du Sud, furent affaiblies par des **querelles intestines.**

Les Chams profitèrent de l'anarchie qui troublait le Ðại-Việt pour envahir à maintes reprises ce malheureux pays.

L'histoire du règne de Ðế-Hiện, successeur de Duệ-Tôn, est remplie par les invasions chames. Le Thanh-hoá subit celles de la 2ᵉ et de la 4ᵉ année de la période Xương-Phù de ce Roi (1377 et 1380), En cette année les Chams se rendirent maîtres du Nord-Annam· Les Trần s'enfuirent au Tonkin, et alors Chế-Bồng-Nga installa comme Roi dans le Thanh-hóa, son gendre, le félon Húc, connu dans l'histoire sous le nom de sa dignité Ngự-Cầu-Vương.

La 6ᵉ année la période Xương-Phù (1382) est marquée par un retour des Chams dans le Thanh-hóa. Lê-Quí-Ly remporta sur eux quelques succès ; le plus glorieux est le combat naval livré à l'embouchure du Ngu-giang (affluent du Sông-Mã).

La 7ᵉ année de la période Xương-Phù (1383) Nguyễn-Ða-Phương battit une flotte chame à Thần-đâu et l'obligea à s'enfuir·

La 2ᵉ année de la période Quang-Thái (1389) de Thuận-Tôn, les Chams envahissent le Nghệ-an et le Thanh-hóa. Lê-Quí-Ly et Nguyễn-Ða-Phương furent battus.

Le Ðại-Việt semblait près d'être asservi aux Chams. Mais un héros, originaire du Thanh-hóa, Trần-Khát-Chơn, devait infliger aux Chams des défaites si sanglantes que jamais plus ces pillards ne devaient ravager le Ðại-Việt.

Le vieux roi démissionnaire Nghệ-Tôn, après les défaites subies par Lê-Quí-Ly et Nguyễn-Ða-Phương, appela un jour Trần-Khát-Chơn pour le charger du salut de la dynastie et de préparer la revanche contre les Chams. Le passage suivant des Annales racontant l'audience entre Nghệ-Tôn et Khát-Chơn, le jour où le Roi remit à ce général le commandement de ses dernières armées, montre le découragement dans lequel était tombé la Cour des Trần : « Khát-Chơn, recevant l'ordre de Nghệ-Tôn, fit en pleurant ses adieux au souverain , le vieux Roi se mit aussi à pleurer. »

Khát-Chơn consacra une année à préparer une armée et une flotte capables de lutter avec succès contre l'ennemi séculaire.

La 3ᵉ année de la période Quang-Thái (1390), Chế-Bồng-Nga se présente avec sa flotte devant les côtes du Nord-Annam. Un parent du Roi Thuận-Tôn, Nguyên-Diệu, qui avait trahison pays l'année précédente, commandait une partie de la flotte ennemie. D'autre part un mandarin cham, Ba-lâu-khê, fuyant le courroux de son Roi, s'était réfugié à la Cour des Trần. Lorsque les Chams arrivèrent à Hải-triều (province de Hưng-Yên), Khác-Chơn prit l'offensive. Ba-lâu-khê lui indiqua la barque verte de Chế-Bồng-Nga. Les Annamites concentrèrent leur tir sur cette barque et Bồng-Nga fut tué. Le désordre se mit alors dans sa flotte. Le félon Nguyễn- Diệu coupa la tête du Roi cham et, dans l'espoir de se faire pardonner sa félonie, la porta à Khát-Chơn, mais celui-ci, sourd aux appels à sa clémence, le fit décapiter sur-le-champ.

Khát-Chơn envoya la tête du Roi ennemi à Nghệ-Tôn. A la vue de ce funèbre trophée, celui-ci dit « Moi et Chế-Bồng-Nga. nous avons longtemps lutté l'un contre l'autre, sans jamais nous trouver face à face, voici la première et dernière fois que nous nous trouvons en présence l'un de l'autre. »

Le Đại-Việt devait son salut à Khát-Chơn. Les victoires du héros lui donnèrent une grande influence à la Cour des Trần, ce qui porta ombrage à l'ambitieux Lê-qui-Lê. Celui-ci le fit assassiner sur le Mont Đôn-sơn, situé près de la citadelle de Tây-Đô (1397).

Les Trần, puis les Lê eurent encore bien souvent à combattre les Chams. Il y eut des alternatives de revers et de succès, mais les batailles se livrèrent dans le Centre-Annam

Sous les Lê la conquête des chams s'étendit jusqu'au Quảng-nam.

Ce sont les Chúa de Cochinchine, les Nguyễn. qui anéantirent complètement la puissance des ennemis séculaires du Sud du Đại-Việt.

Les Chams ne sont plus représentés que par quelques villages du Sud Annam.

**IV. — Résumé chronologique de l'Histoire de Thanh-hoá.** — Tự-Đức, dans les annotations qu'il fit aux Annales a dit au sujet des légendes relatives à la dynastie des Hồng-Bàng (2879 à 258 av. J-C) et à l'usurpateur An-Dương-Vương (258-208): « Ce sont là des affirmations mensongères, des choses dont on n'a pas le moye i de chercher l'explication. »

C'est pourquoi notre exposé ne commence qu'à la période historique de l'Annam qui débute avec la première domination chinoise. Le Nam-Việt, domaii e des Triệu (208-211), fut réduit en province c inoise par la dynastie des Hán antérieurs à la fin du IIᵉ siècle avant notre ère.

Les gouverneurs chinois dont l'administration fut bienfaisante ne sont pas très nombreux. Parmi ceux dont l'histoire a perpétué les bonnes actions est Nhậm-diên, Thái-thú du Cửu-chơn (Thanh Hoá), qui enseigna, dit-on, aux indigènes l'art de cultiver la terre et leur fit défricher les terres incultes·

Un des frères du lettré Sĩ-Nhiếp (187-226 , Thích-sử du châu de Giao-chỉ — auquel se rattachent les traditions littéraires de l'Annam — fut Thái-thú du Cửu-chơn.

La rapacité et la cruauté des gouverneurs chinois provoquèrent des soulèvements. La première révolte eut lieu au Tonkin. Elle fut dirigée par les sœurs Trưng-Trắc et Trưng-Nhị. Elles furent battues par Mã-Viện. Il n'apparait pas dans les docume ts que le Cửu-chơn ait répondu à l'appel des deux sœurs. Cependant il semble légitime d'émettre l'hypot èse que ses habitants durent, eux aussi, soulever l'étendard de la révolte. En effet, avant de retourner en Chine, Mã-Viện éleva en plusieurs points du Nam-Việt des colonnes de bronze portant chacune cette inscription : « Si cette colonne est renversée, la race de Giao-Chỉ sera détruite ». Or, une de ces colonnes fut, paraît-il, élevée dans le Cửu-Chơn.

Mã-Viện fit creuser le canal de Ninh-bình à Vinh, et fit établir ou améliorer les routes de la province, en particulier la route mandarine a tuelle, il fit édifier des digues.

Au IIIᵉ siècle ap. J-C, pendant la période anarchique de l'histoire de la Chine, dite des « Trois-Royaumes », le Giao-chỉ était sous la domination des Ngô qui régnaient à Nankin. Une révolte fut fomentée dans le Cửu-chơn par une amazone, Triệu-Thị-Âu.

C'est au début du V<sup>e</sup> siècle que se produisit la première invasion chame dont fasse mention l'histoire. Un roi du Lâm-ấp, Phạm-dương-Mai, attaqua le Cữu-chơn et le Nhựt-Nam (Nghệ-an) avec des forces importantes de terre et de mer. Il fut battu par Đàn-hòa-Chi, Thích-sử de Giao.

Au VII<sup>e</sup> siècle le Giao-Chỉ est sous la domination des Đường. Le Thanh-hóa s'insurge contre l'autorité de cette dynastie chinoise. Les rebelles étaient commandés par Lê-Ngọc, qui, sous la dynastie précédente, celle des Tùy, fut Gouverneur du Ái-châu (Thanh-hóa) et plus tard du Giao-châu (Tonkin). Il se donna le titre d'Empereur. Son règne de dura que huit ans.

Au VIII<sup>e</sup> siè le les pirates malais (Chams) vinrent à deux reprises différentes ravager les frontières de l'Annam : Châu de Ái (Thanh-hóa) et châu de Hoan (Nghệ-an). Ils furent chassés par le Kinh-lược Trương-bá-Nghi et le Đô-hộ Trương-Châu.

Après les Đường, règnent, en Chine, les « Cinq dynasties », début du X<sup>e</sup> siècle. Des héros sortis du Ái-châu (Thanh-hóa) profitent de l'anarchie qui trouble l'Empire du Milieu, pour lever l'étendard de la révolte. Ce sont : Dương-diên-Nghệ et Ngô-Quyền. Ce dernier fut le fondateur de la première dynastie annamite (939) (1)

Aux Ngô succède la deuxième dynastie annamite, fondée par Đinh-bô-Lãnh, originaire de Hoa-lư (Ninh-bình qui faisait alors partie du Thanh-hóa). Sous son règne les Chams firent une tenta ive de con quête du Đại-cù-Việt, nom donné au pays par Lãnh en montant sur le trône. Sous le règne de son fils, les douze đạo étaient placés sous le commardement d'un mandarin originaire du châu de Ái Thanh-hóa. C'est Lê-Hoàn. Ce héros se rendit célèbre par ses victoires contre les Chinois, envoyés par la dynastie des Tông et contre les Chams. Il fonda la dynastie des Lê antérieurs.

C'est sous les Trần (1225-1413) qu'apparaît le premier historien annamite Lê-văn-Hưu. Il était originaire du Thanh-hóa,

_______________

(1) Un village de la province de Sơn-Tây reclame l'honneur d'avoir donné naissance à Ngô-Quyền.

village de Phủ-li, huyện de Đông-sơn. Son ouvrage, qui portait le titre de « Đại-việt-sử-ki », parut en 1272.

Au XIIIᵉ siècle, l'Annam fut envahi deux fois par les Mongols. La première invasion (1257) fut repoussée. L'ennemi se retira. En 1285, les Mongols furent plus heureux dans leurs expéditions, dont le résultat fut l'asservissement de l'Annam à la Chine pendant quelques années (1285-1287). Trần-thánh-Tôn (1258-1278) et son fils Trần-nhơn-Tôn (1278-1293), en faveur de qui il avait abdiqué, se réfugièrent dans le Thanh-hóa où les deux rois préparèrent l'offensive qui chassa les Mongols de l'Annam.

Sous les Trần le Thanh-hóa fut le champ de bataille de luttes contre les Chams. Sous Trần-đế-Hiện, ce fut de 1380 à 1383. Les Chams subirent une défaite navale à l'embouchure du Ngu-giang, l'un des effluents du Sông-Mã aujourd'hui appelé Lach-trường ; le vainqueur était Lê-qui-Ly. Un autre général, Nguyễn-đa-Phương leur infligea également un sanglant échec à Thần dầu (aujourd'hui Thần-phù), près de la mer, à la limite actuelle du Ninh-bình et Thanh-hóa.

Pendant cette période critique de l'histoire du Đại-Việt il faut noter la fondation, dans le Thanh-hóa, d'un petit royaume éphémere, tributaire des Chams. En 1380, ils installèrent comme roi dans la province un des généraux annamites qui s'étaient soumis à eux devant Đồ-bàn ou Chà-bàn, capitale du Chiêm-thanh, en 1376, lors du désastre que subit l'armée de Trần-Duệ-Tôn devant les murs de cette ville. Ce général s'appelait Húc (1), il est connu sous le nom de sa dignité Ngự-Cầu-Vương

Sous Trần-Thuận-Tôn, à la fin de 1389, les Chams reprirent l'offensive. Ils envahirent une seconde fois le Thanh-hóa. Mais ils furent complètement mis en déroute à Hải-triệu, (province de Hưng-yên), par Trần-khát-Chơn.

Nous parvenons à la fin de la dynastie des Trần. Le roi est alors un enfant de trois ans, Tran-thiết-Đố ou Trần-

_________

(1) Frère de Duệ-Tôn.

thiếu-Đế (1398-1400), petit-fils, par les femmes de Lê-qui-Ly. Celui-ci fut nommé Régent. Il venait de faire bâtir (1397) dans le Thanh-hóa, sur la rive gauche du Sông Mã une nouvelle capitale appelée Tây-Đô (capitale de l'Ouest), par opposition à l'ancienne capitale Thăng-long (Hà-nội), qui prit le nom de Đông-Đô (capitale de l'Est).

En 1400, le Régent fait abdiquer Thiếu-đế en sa faveur. Lê-qui-Ly prétendait descendre de l'empereur Ngu-Thuàn (25 siècles av. J. C.) par ses ancêtres Hồ. Il appela donc le royaume Đại-Ngu, qui eut pour capitale Tây-Đô, et reprit le nom de Hồ, d'où le nom de Hồ-thành donné à la citadelle de Tây-đô.

Il importe de noter que cet usurpateur était vraisemblablement originaire du village sur le territoire du quel il fît bâtir Tây-Đô. (Thanh-hóa)

La dynastie des Hồ fut éphémère. La dynastie chinoise des Minh intervint dans les affaires du Đại-Việt à l'instigation d'un descendant des Trần. Battus au Tonkin, les Hồ se réfugièrent dans le Tanh-hóa. Assiégés dans Tây-Đô, ils réussissent à s'enfuir, mais subissent une sanglante défaite sur les bords du Sông Mã. Ils battent en retraite, et sont faits prisonniers dans le Hà-Tĩnh. Ainsi finit Lê-Qui-Ly qui par son ambition attira de grands malheurs sur son pays. En effet, la domination des Minh, si éphémère qu'elle fut, (1414-1418), n'en fut par moins une des plus odieuses qu'ait subi le Đại-Việt. Aussi la race de Giao-Cỉ doit-elle être reconnaissante au Thanh-hóa d'avoir donné le jour à celui que les Annales appellent le «Libérateur du Đại-Việt». J'ai nommé le Grand Lê-Lợi. Dans notre étude sur les « Hommes illustres du Thanh-hóa » (1) nous avons donné le développement le plus complet possible à la biographie de ce héros. Ceux que l'histoire de leur pays passionne voudront bien s'y reporter.

Le plus illustre de ses successeurs fut Lê-Thánh-Tôn (périodes Quang-thuận, 1460-1470 ; et Hồng-đức, 1470-1497).

Pendant la période Hồng-đức, Thánh-tôn, pour les besoins de l'agriculture et du commerce, fît élever des digues et fît creuser

_______________

(1) Revue Indochinoise 19 190-1920.

**Hô-Thành**
(Cliché de la Revue Indochinoise)

de nouveaux canaux ou approfondir les anciens. Il fit creuser
le canal dè Quảng-nạp, qui traverse le huyện de Đông-sơn, et
fit élever des digues sur le lit oral du huyện de Nga-sơn.

Grâce aux Lê, le pays put atteindre un réel degré de puissance. Malheureusement, au XVIe siè le, certains princes ne surent pas l'y maintenir et se laissèrent dominer par les Mạc, qui purent régner sur la partie nord du pays. Les montagnes du
Tam-điệp, pendant l'usurpation des Mạc (1527-1533), servirent
de frontière entre le Đông-việt, capitale Đông-kinh (Hà-nội), soumis aux Mạc, et le Tây-việt, capitale Tây-kinh dans le Thanh-hóa, soumis aux Lê.

Avec Lê-lợi, dans le Thanh-hóa avait pris naissance le
mouvement qui libéra l'Annam du joug des Chinois, le Thanh-hóa devait encore une fois avoir l'honneur d'être le berceau
d'une autre famille qui devait rendre des services éminents au
pays, la famille des Nguyễn. Celui qui mit fin à l'anarchie qui
régnait dans le Đại-Việt et restaura le trône des Lê est en effet
originaire du village de Qui-hương, huyện de Tống-nhân ou
Tống-sơn, (aujourd'hui phủ de Hà-trung) Il s'appelait Nguyễn-Kim (1467-1545). Ce serviteur indéfectible des Lê, plutôt
que de reconnaître les Mạc s'était retiré à Sâm-châu, dans
les montagnes situées à l'Ouest du Thanh-hóa. Il fit proclamer
empereur Lê-Ninh, qui prit le titre de Lê-trang-Tôn. Celui-ci
donna à son champion le titre de « Chúa ».

Nguyễn-Kim, aux confins du Thanh-hóa, au milieu des
montagnes et des forêts qui les couvrent, prépara la lutte contre l'usurpateur. Tay-kinh, la capitale de l'Ouest, lui ouvre ses
portes (1540). Elle était défendue par Dương-chấp-Nhất, En
1545, Dương-chấp-Nhất fit empoisonner le restaurateur des Lê,
qui combat ait dans le Sơn-nam (Hà-đông, Nam-định, Hưng-yên), en lui faisant donner à manger une pastèque empoisonnée.

Nhuyễn-Kim fut remplacé par son gendre Trịnh-Kiểm. Les
ancêtres de Trinh-Kiểm étaient origi aires du village de Sóc-sơn, sous-préfecture de Vĩnh-phúc, préfecture de Thiệu-thiên,
province de Thanh-hóa (aujourd'hui villa_e de Sóc-sơn, phủ de
Quảng-hóa) ; ils se fixèrent plus tard à Nghị-t ượng (à 3 km. de
Sóc-sơn) aujourd'hui village de Bồng-thượng, phủ de Quảng-

hóa. Trịnh-Kiễm hérita du titre de Chúa ; mais Nguyễr-Hoằng
fils de Nguyễn-Kim, Gouverneur du Thuận-hóa, se déclara
Chúa indépendant

Le pays se trouve donc divisé en trois parties :

*a)* le Đông-Việt (Tonkin), capitale Đông-kinh, sous le joug
des Mạc.

*b)* le Tây-Việt (Nord-Annam jusqu'au Quảng-bình), capitale
Tây-kinh domaine des Lê.

*c)* le Thuận-hóa , s'étendant du Quảng-bình au Quảng-nam
compris, où Nguyễ-Hoằng,jet e lesfondements d'i royaume de
Cocainc ine (1558), Capitale Ai tử village situé au nord de la
citadelle actuelle de Quảng-trị ; deuxième capitale : Trà-bát,
non loin de Ai-tử.

A deux reprises les Mạc envahirent le Thanh-hóa. Mais,
en 1570, Trịnh-kiễm leur infligea une telle défaite sur les bords
du Đại-lai-giang (Sông-Mã) que jamais plus ils ne revin-
rent dans le Thanh-hóa.

Les Trịnh accaparèrent toutes les charges, et les Lê
devinrent incapables de faire acte d'autorité.

Ainsi, l'honneur revient au Thanh-hóa d'avoir été le
berceau des trois grandes familles, les Lê, les Trịnh et les
Nguyễn, dont la biographie forme-avec celle des Mạc, originaires de la province de Hải-dương — toute la trame de
l'histoire du Đại-Việt du XVe au XIXe siècle.

La lutte devait éclater entre les Chúa du nord, les Trịnh,
et les Chúa du Sud, les Nguyễn. Commencée au milieu du
XVIe siècle, la rivalité des Nguyễn et des Trịnh ne devait
prendre fin qu'en 1775.

En 1558, Nguyễn-Hoằng partit pour le Thuận-hóa avec
une nombreuse suite. La gloire de son père, ses pro-
pres victoires, ses qualités morales lui avaient attiré l'ami-
tié et l'estime de ses compatriotes. Un grand nombre de
mandarins et de soldats des deux provinces du Nghệ an
et du Thanh-hóa le suivirent avec empressement déterminés
à vivre avec lui et à rester attachés à sa fortune. Ce fut,
disent les « Annales générales » et les « Annales des Nguyễn »
un véritable exode. Les officiers et mandarins qui le suivirent l'aidèrent puissamment, lui et ses successeurs, à

**Stèle de Lê-Lợi**

*(Cliché de la Revue Indochinoise)*

défendre et organiser le royaume naissant. La plupart étaient originaires du Thanh-hóa, et particulièrement du Tống-sơn (actuellement phủ de Hà-trung), lieu d'origine du prince.

Parmi les auxiliaires de Nguyễn-Hoằng et de ses successeurs les plus célèbres sont :

Trương-trà et sa femme, héros de la lutte contre le chef de bande Mĩ-lương dans le Quảng-trị ; originaires du Tống-sơn.

Đào-duy-Từ, le constructeur des murs de Trường-dục et de Đồng-hối, (qui protégèrent la frontière nord du Đàng-trong, domaine des Nguyễn contre les attaques des Trịnh) brillant lettré et bon administrateur. Il naquit en 1571 et était originaire du village de Hoa-trai, sous préfecture de Ngoc-sơn aujourd'hui phủ Tĩnh-gia).

Nguyễn-hữu-Dật, collaborateur de Đào-duy-Từ dans la construction des murs devant lesquels vinrent se briser les assauts des Trịnh. Il fut l'âme de toutes les expéditions contre ces Chúa. Il était originaire de Qui-hương.

Nguyễn-hữu-Tấn, généralissime pendant l'expédi'ion du Nghệ-an (1655-1661). Il était originaire de la sous-préfecture de Ngọc-sơn (aujourd'hui phủ Tĩnh-gia).

Nguyễn-cửu-Kiều, qui s'illustra dans la campagne du Nghệ-an ; originaire du Tống-sơn.

Les luttes séculaires entre les Trịnh et les Nguyễn se terminèrent en 1775 par la prise de Huế. Le vainqueur était Trịnh-Sâm. A cette expédition prirent part les troupes de mer du Thanh-hóa. Le fils de Trịnh-Sâm est vaincu en 1786 par les Tây-sơn. Son successeur, Trịnh-Phùng est le dernier des Trịnh, il disparaît devant le triomphe des Tây-sơn qui obligent le dernier des Lê à s'enfuir en Chine 1789).

Les trois chefs des Tây-sơn, Nguyễn-văn-Huệ, Nhạc et Lử se partagèrent les domaines des Lê et des Nguyễn. Huệ régna sur le Tonkin et sur la partie du Trung-Kỳ S'étendant jusqu'au Quang-nam. Sa capitale fut Huế.

L'histoire du Thanh-hóa démontre que ce pays est une région de transition entre le Tonkin et le Centre-Annam Ce pays fut en effet le cœur du Đàng-ngoại, domaine des Lê, du commencement du XVe siècle à la fin du XVIIIe siècle, avec pour capitales Tây-kinh et An-trường. Đông-kinh, citadelle royale de Thăng-long (Hà-nội) passa au second plan quand les circonstances étaient en critiques. En effet, les Trịnh, emmenant avec eux les Lê, abandonnaient toujours la Capitale de l'Est pour le Thanh-hóa, lorsqu'ils partaient en guerre contre les Nguyễn, et cela, soit par crainte d'un retour offensif des Mạc, rejetés dans le Cao-bằng ; soit par crainte de rébellions des mandarins du delta tonkinois qui tentèrent à plusieurs reprises de s'insurger contre la tyrannie des « Maires du Palais ».

Le Thanh-hóa fut le théâtre des guerres les plus importantes de l'histoire du Đại-Việt, des origines au milieu du XVIe siècle : luttes contre les Chinois, les Chams, les Mạc.

Plus tard, le théâtre des guerres est au Hoành-sơn : luttes entre les Trịnh et les Nguyễn.

Thanh-hóa fut, de l'avènement des Hồ (1400) à la disparition des Lê, l'étape la plus importante dans le mouvement d'expansion de la race annamite vers le Sud. Ce mouvement se développe avec les Nguyễn. Les capitales du Đàng-trong, leur domaine, furent successivement : Ai-tử (1558) et Trà-bát (1570) dans le Quảng-trị, sous le règne de Nguyễn-Hoàng ; Kim-long (1655), dans le Quảng-đức (Thừa-Thiên), village où se trouve te temple de Thiên-Mẫu, en amont de Huế, sur la rive gauche du Hương-giang, sous le règne de Công-Thượng-Vương ; et enfin Huế (village de Phú-xuân, 1687) sous Vũ-Vương.

A partir de l'avènement de Gia-long (XIXe siècle) le Thanh-hoá entre dans l'ombre, Cependant en 1885 le Régent Thuyết rêva de donner à ce pays son ancienne splendeur. En effet, dans la proclamation lancée des montagnes du Quảng-trị où il s'était réfugié avec le jeune roi Hàm-Nghi, après la fuite de Huế (11e jour, du 8e mois annamite de la 1re année du règne de Hàm-Nghi) le Régent fait dire au Roi : « Quand vous aurez détruit les Français, venez nous chercher. Nous établirons notre capitale dans la province

Grotte de Hô-Công, un des derniers refuges des insurgés (1885-86)
*Cliché de la Revue Indochinoise*

de Thanh-hóa. » Les victoires des troupes franco-annamites empêchèrent ce rêve de se réaliser. Les nombreuses grottes que l'on trouve dans le Thanh-hóa furent les derniers refuges des rebelles.

« Thanh-hóa a mûri tous les espoirs, a enfermé toutes les ambritions . . . . . . L'homme de Thanh-hóa de nos jours est semblable à ses frères de la terre d'Annam, tremblant devant le grand mystère des esprits qui peuplent le monde visible et invisible. Il a besoin de notre aide secourable et fra ernelle. Il lui faut pour poursuivre sa route l'appui de notre bras, le réconfort de notre raison. . . . . . (1).»

**V. Conclusions** — Il est légitime d'affirmer que pour bien comprendre l'Histoire du Đại-Việt il faut connaître l'histoire du Thanh-hóa. C'est que de ce pays sont sortis les héros les plus glorieux et les plus valeureux du Pays d'Annam ; il a donné les fondateurs des dynasties les plus illustres, sauf celle des Trần, et tous les usurpateurs, sauf les Mạc.

Le Thanh-hóa fut la dernière citadelle des dynasties aux abois, il fut le théâtre des grands épopées de l'histoire du Đại-Việt.

C'est dans le Thanh-hóa, que les Trần réparèrent et concentrèrent leurs forces pour chasser les Mongols du Đại-Việt.

C'est du Thanh-hóa qu'est sorti le héros qui libéra le Đại-Việt du joug chinois, l'illustre Lê-Lợi.

C'est un enfant du Thanh-hóa, Tran-Khát-Chơn, qui délivra les Annamites du cauchemar des invasions chames.

C'est ce pays qui garde l'auguste dépouille de Nguyễn Kim l'ancêtre de la dynastie actuelle des Nguyễn Seigneurs de Huế du XVᶜ siècle à la fin du XVIIIᵉ siècle, les Nguyễn profitèrent d'une trève de cent ans dans leurs luttes contre les seigneurs du Nord, les Trịnh, pour éte ldre le domaine de la race de Giao-Chỉ jusqu'au Golfe de Siam et pour réduire à l'état de vassalité les Rois du Cambodge.

Lorsque Nguyễn-Hoàng, le premier Seigneur du Sud, partit pour le Thuân-hóa, un grand nombre de mandarins originaires du Thanh-hóa le suivirent. Ces mandarins et

---

(1) Pasquier : Préface de la Province de Thanh-hóa » par H. Le Breton, Revue Indochinoise, 1918

leurs descendants aidèrent puissamment Nguyễn-Hoàng et ses successeurs dans leurs luttes contre les Trịnh et dans la conquête des pays chams et de la Cochinchine, et dans les luttes contre le Cambodge.

Alors qu'il était réfugié à Vọng-các (Bangkok), Gialong donna l'ordre de rédiger le « Vọng-các công-t'ần-lục » Etat des Mandarins défunts auxquels ou adresse des sacrifices dans un temple spécial. Dans ce livre les grands serviteurs des Nguyễn sont rangés en trois catégories :

1° Etat des Khai-quốc công-thần (4 mandarins)
2° Etat des Trung-hưng công-thần (263 mandarins)
3° Etat des Trung-tiết công-thần (115 mandarins).

Parmi les quatre mandarins, de la 1ʳᵉ catégorie, celle des héros ayant contribué à la "Fondation de l'Empire" le Thanh-hóa a l'honneur de compter trois de ses enfants : Đào-Duy-Từ, Nguyễn-Hữu-Dật et Nguyễn-Hữu-Tấn auxiliaires des premiers Nguyễn.

Aidé par de valeureux Français, Gia-Long parvint à réunir sous son sceptre tous les pays de langue annamite, et Huế devint la capitale du Đại-Việt. Mais, du XVᵉ siècle à la fin du XVIIIᵉ siècle, Tây-Kinh, résidence des Trịnh, et. An-Trường, résidence des Lê, toutes deux dans le Thanh-hóa, furent mieux que Thăng-Long (Hanoi) et, Đông-Kinh sa citadelle, les deux capitales de la partie du pays soumise aux Lê, Rois qui se laissèrent enlever tout pouvoir par les Trịnh, « Maire du Palais » qui, eux aussi. étaient originaires du Thanh-hóa.

« La province de Thanh-hóa explique et fait mieux comprendre Huế. » En tête de l'histoire du Đại-Việt devrait être placée, comme frontispice, celle du Thanh-hóa, et la biographie de ses hommes illustres, et le récit des fastes annamites dont elle est le reliquaire.

H. LE BRETON

Citadelle de Thanh-hóa Porte hantée (sud).
(Cliché de la Revue Indochinoise)

Citadelle de Thanh-hóa. Porte de l'est.
(Cliché de la Revue Indochinoise)